DES

BEAUX-ESPRITS

DU JOUR;

Par M. D**, Auteur des brochures intitulées :**

1° QUEL EST LE MEILLEUR GOUVERNEMENT ? QUEL EST LE LÉGITIME ?

2° LA RELIGION EST LE FONDEMENT DE LA SOCIÉTÉ.

3° LE POUVOIR DE L'ARGENT.

Prix : 1 fr. 50 cent.

PARIS,

CHEZ DELAUNAY ET DENTU, PALAIS-ROYAL;

ET A LA LIBRAIRIE, RUE DU FOUR SAINT GERMAIN, N° 17.

26 AOUT 1836.

Brochure politique.

DES

BEAUX-ESPRITS

DU JOUR.

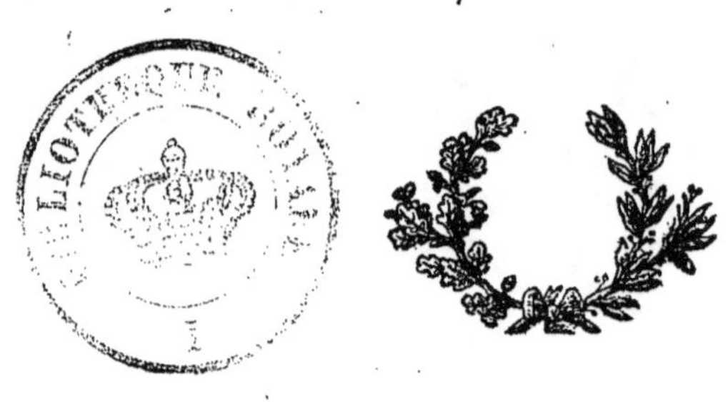

PARIS.

CHEZ DELAUNAY ET DENTU, PALAIS-ROYAL,

ET A LA LIBRAIRIE, RUE DU FOUR SAINT GERMAIN, N° 17.

1836.

PARIS — Imprimerie de DEZAUCHE, faubourg Montmartre, n. 11.

INTRODUCTION.

Au milieu du pêle-mêle d'idées, d'opinions qui se combattent et s'entre-détruisent, j'ai cru devoir remplir une mission qu'a reçue tout homme de défendre sa patrie, les intérêts de l'humanité, au risque d'avoir une foule de contradicteurs, d'ennemis.

Je commencerai par déclarer que je ne suis d'aucun parti. Les chefs sont des ambitieux à qui rien ne coûte pour parvenir à leurs fins. Leurs sectaires sont des instruments aveugles de leurs passions. Je me borne donc à être gouvernementaire, parce qu'il vaut mieux avoir un gouvernement quelconque que de n'en point avoir. Convaincu de cette vérité, comme je l'ai toujours été, j'aurai le courage de dire, dans ce petit écrit, tout ce que je pense sur les circonstances. Je porterai mes regards sur l'avenir, qui donne lieu à une foule de conjectures : car, dans la position où se trouve la France, on doit calculer toutes les éventualités, examiner les moyens que l'étranger pourrait employer pour s'emparer de notre pays. En vain dirait-on qu'il ne faut pas accuser sans preuves. Oui, dans une affaire particulière ; mais quand il s'agit du salut de l'état, on ne peut pas se servir de l'axiôme : « Il faut des preuves plus claires que le jour, *indiciis in dubitatis luce meridianâ clarioribus.* »

Des probabilités suffisent pour donner l'éveil à ses concitoyens, lors même qu'on pourrait se tromper ; attendrait-on la mort de l'état pour se mettre sur ses gardes ? C'est assez l'ordinaire ; nous ne croyons le mal que quand il est venu : on ne crut à Cassandre qu'après la ruine de Troie.

Comme il ne suffit pas de voir le mal, le grand point n'est pas de déclamer, c'est de le guérir. « J'entends, dit un proverbe, le bruit de la meule, mais je ne vois pas de farine. » J'ai donc cherché le remède ; je ne me flatte pas de l'avoir trouvé : je l'indique. S'il était adopté, on ne verrait pas, comme on le fait il y a long-temps, les sociétés flotter sans cesse entre le despotisme et l'anarchie. Je laisse à des hommes plus éclairés que moi, aux bons esprits, le soin de perfectionner ce que je n'ai fait qu'ébaucher.

DES
BEAUX-ESPRITS
DU JOUR.

Nul n'aura de l'esprit hors nous et nos amis.

Le siècle des hommes de génie qui ont brillé sous le règne de Louis XIV est passé, celui des beaux-esprits qui donnent le ton à la société lui a succédé. Malheur à qui n'est pas de la coterie, qui n'en finit pas !

La perte des principes conservateurs des sociétés, la corruption des mœurs, qui accroît de jour en jour, semblent présager les plus grandes calamités, s'il ne s'opère pas des réformes que nécessite l'excès du mal.

Car il faut observer que l'ennemi, non loin de nos foyers, semblable à Fabius le temporiseur, nous fait une guerre sourde, et attend les résultats de la dépravation générale.

Un de nos écrivains fait un tableau fidèle de la corruption qui mine à bas bruit les fondements de la société, et dit : « Les quarante-cinq ans de révolution que nous venons de subir ont tellement confondu les principes, que la force physique n'est pas subordonnée aux lois morales ; que la loi est impuissante ; que le méchant (1) fait vanité des complots qu'il forme contre l'état. »

------

(1) Si on laisse faire les hommes qui veulent tout sacrifier à leur ambition, ils profiteront de l'incurie pour en venir à leurs fins ; car, ainsi que l'a remarqué une femme d'esprit, les méchants sont en petit nombre, et n'ont de force que celle que leur prête la faiblesse des honnêtes gens, naturellement timides.

Les méchants ressemblent à Nicodème, qui dit : « J'ai peur et je fais peur. »

Le général Demarçay attribue la cause de nos maux à la peur : « Une partie de la société, dit-il, a peur de l'autre. » C'est en vérité l'époque de la peur. Combien cela durera-t-il ?

La peur est la plus impérieuse comme la plus stupide de toutes les passions. L'intérêt et la peur sont les sentiments prédominants. Élèverait-on en France, comme à Rome, un autel à la peur ?

Le comte Portalis, dans son scientifique ouvrage intitulé : *De l'usage et de l'abus de la philosophie*, rapporte une anecdote qui surprendra les lecteurs. Cet écrivain fait remarquer que Frédéric-le-Grand, roi de Prusse, était né avec un tempérament faible et une disposition physique à la peur. Ce prince prit la fuite, observe M. Portalis, après la première bataille, qui fut donnée sous les yeux d'un

Les liens sociaux sont rompus, parce que l'immoralité des gouvernements (1) produit celle des peuples.

« La société est pervertie, ajoute M. Dumolard, au point que l'homme de bien semble être une variété de l'espèce humaine ! de nos jours, un Curtius serait un niais, Socrate un radoteur, et le chancelier Molé une dupe. »

C'est donc au gouvernement à remoraliser le peuple ; mais c'en est fait de lui s'il écoute les beaux-esprits du jour, si on lui persuade que la légalité nous tue, lorsque les lois seules peuvent nous sauver. « *In legibus salus* ; sans lois, dit Cicéron, il n'y aurait ni peuples, ni villes, ni nations : l'univers entier périrait. » En effet, ôtez les lois, la société est livrée aux horreurs de l'anarchie ; tout sera désordre, confusion, bouleversement ; la moitié du genre humain est armée contre l'autre : de là la nécessité des lois, *in legibus salus.*

« Il n'y a pas de pire despotisme, dit Montesquieu, que celui qui s'exerce au nom de la liberté et des lois. »

---

de ses officiers qui lui était très-attaché. Il courut après lui et l'arrêta, en lui représentant que la bataille était gagnée, lorsque ce prince était encore caché sous le pont. Le roi revint à lui-même ; il prit la ferme résolution de se raidir contre les dangers, et il devint un grand général et le plus courageux des hommes, par un effort puissant de sa volonté et par son ferme propos.

Cet exemple prouve jusqu'à quel point il dépend de nous de devenir grands, de quoi l'homme est capable quand il veut fortement.

Le bon Lafontaine, parlant de la peur, fait dire très-spirituellement une grande vérité au lièvre, dans sa fable du *Lièvre et des grenouilles*, lorsque le lièvre, passant près d'un marais, vit les grenouilles effrayées se précipiter dans les ondes :

> Il n'est, je le vois bien, si poltron sur la terre
> Qui ne puisse trouver un plus poltron que soi.

Je terminerai cette note en disant que le Français offre les contrastes les plus frappants. Il est le plus brave des hommes, un héros sur la frontière, affronte tous les dangers devant les ennemis du dehors, mais il est le plus pusillanime, le plus peureux de tous les hommes devant les ennemis du dedans. Les terroristes disaient à l'époque de la terreur : « Les Parisiens sont un troupeau qu'on conduit avec une paille. » En effet, si, dans ce temps, deux ou trois hommes, animés de l'amour de l'humanité, se fussent montrés, tous les bourreaux tremblaient dans la crainte de la réaction, qui n'est arrivée qu'après la mort de bien des victimes.

(1) Quand une fois la gangrène est au cœur, c'en est fait du corps social. Jean-Jacques a raison d'observer que le peuple est guerrier, citoyen, populace, canaille, quand il plaît au gouvernement.

> Les peuples sont toujours ce que les font les rois ;
> L'homme d'un pôle à l'autre est l'ouvrage des lois.

Le roi, a-t-on observé, a dit: « Tout gouvernement qui viole la légalité creuse son tombeau », et le roi est présenté par les ambassadeurs étrangers comme une des plus hautes capacités de l'époque.

J'aime beaucoup l'observation d'un spirituel écrivain, en parlant des jongleurs monarchico-révolutionnaires : « De toutes les mystifications dont le genre humain ait jamais été la dupe, il n'y en a pas de plus mortifiantes que les théories modernes de la liberté et de l'égalité. » La France, a-t-on dit, est en face des avocats du système actuel dans la même position que ce prince dont parle l'histoire en face d'un sophiste qui, après avoir reçu une récompense pour avoir démontré l'existence de Dieu, demanda ce qu'on lui donnerait s'il prouvait que Dieu n'existe pas. Le prince indigné chassa le sophiste.

Ce qu'il y a de plus révoltant, c'est de voir les beaux-esprits ne parler que de liberté publique, tant qu'ils ne sont pas en place ; y sont-ils parvenus, ils deviennent des despotes , des oppresseurs éhontés de leurs concitoyens ; ils ne veulent de liberté que pour eux et leurs amis ; ils renversent leurs rivaux ; c'est ce qui a fait définir la révolution : Ote-toi de là, que je m'y mette. Elle est pleine de vérité et de profondeur l'observation de J. J., qui dit : « L'homme, tant qu'il n'est que simple particulier, ne parle que de liberté, et prétend que l'officier du peuple doit mourir pour lui : est-il officier du peuple, il prétend que c'est au peuple à mourir pour lui. »

L'ambitieux, selon Montaigne, ressemble au singe, quand il est au haut de l'arbre : on lui voit le derrière.

Un poète a ainsi défini le bel-esprit, qui est l'avant-coureur de la perte des états :

> Une métaphysique où le jargon domine,
> Souvent imperceptible à force d'être fine.

Un autre a dit :

> Et le raisonnement en bannit la raison.

Voltaire, en parlant des hommes et du bel-esprit, fait cette réflexion :

> Le peuple, aveugle et faible, est né pour les grands hommes,
> Pour admirer, pour croire et pour leur obéir.

Malgré les prétentions des beaux-esprits, combien en a-t-on vu emportés par le torrent de la révolution, qu'ils croyaient maîtriser !

Mirabeau lui-même, qui a joué un si grand rôle, disait : « La révolution n'est pas un jeu d'enfant. » Mirabeau a été joué par elle.

En parlant des beaux-esprits, il faut convenir qu'ils exercent une grande influence sur l'opinion publique. Ne disaient-ils pas avant la révolution : La pensée des sages prépare les révolutions, le bras du peuple les exécute? Les beaux-esprits regardent leurs plumes comme un levier à l'aide duquel ils remuent le monde ; mais l'abus qu'ils font de leurs talents, pour tromper ceux qui sont moins éclairés qu'eux, a souvent creusé leur tombeau.

Une femme pleine de finesse, passant sur la place de la Révolution le jour où l'on avait immolé les girondins, répondit à quelqu'un qui lui observait qu'en cette journée on avait tué beaucoup d'esprit sur cette place : « Que les gens d'esprit sont bêtes ! ils finissent par laisser leur tête dans le panier. »

En effet, la fin ordinaire du renard, d'après un proverbe turc, est la boutique du pelletier. Camille Desmoulins, qui avait commencé la révolution au Palais-Royal, avait le pressentiment qu'elle lui serait funeste. Il dit après avoir été condamné à mort : « Si mon père eût fait de moi un cordonnier, je ne serais pas là. »

Vergniaud aussi avait dit : « La révolution est un Saturne qui dévorera jusqu'au dernier de ses enfants (1). »

---

(1) La nature juste veut que l'homme fasse l'épreuve de ce qu'il invente. On a observé que dans l'antiquité les inventeurs de supplices ont fait l'épreuve de leurs inventions, ont subi la loi du talion. « Il vous sera fait comme vous avez fait », dit la sagesse éternelle. En effet, ne vit-on pas Perille périr dans le taureau d'airain qu'il offrit à Phalaris? Ne vit-on pas Procuste rendre le dernier soupir sur son lit d'égalité, où il faisait allonger les personnes qui n'étaient pas de la longueur de son lit, où il faisait raccourcir celles qui étaient plus longues? Marigny ne fut-il pas pendu aux fourches patibulaires de Montfaucon? L'historien Mézeray dit à ce sujet qu'il était juste que, comme maître du logis, il occupât la première place qu'il a occupée.

De nos jours, Robespierre, Danton, Couthon, Lacroix, inventent le tribunal révolutionnaire, la mise hors la loi, pour se défaire de leurs ennemis, et s'emparer de leurs biens. Ce tribunal de sang les envoie à l'échafaud, et l'on voyait inscrit au plafond de ce tribunal ce passage de l'Écriture : *Quo judicio judicaveritis judicabimini*. Le bel-esprit, qui sacrifie l'humanité au barbare plaisir de dire un mauvais bon mot, joignait l'ironie à la barbarie. C'est un des traits caractéristiques de notre révolution.

Les révolutionnaires ne connaissaient pas cet axiôme : *Res sacra misera* ; un malheureux est sacré. Tout mérité qu'il est, le malheur a ses droits ; à plus forte raison quand il ne l'est pas.

Que dire de la réponse du tigre Dumas, président du tribunal révolutionnaire, à quelqu'un qui lui observa que l'abbesse de Montmartre, âgée de quatre-vingt-deux ans, qu'il allait envoyer à l'échafaud, était sourde : « Elle conspire sourdement », répliqua le juge-bourreau. Un accusateur public insulte à un maître

C'est là la récompense des révolutionnaires qui désorganisent la société, car on doit se rappeler la remarque d'un homme de lettres qui prouve que, dans l'année 1812, les libraires de Vienne et de Francfort ont expédié, pour les îles de la Grèce et les échelles du Levant, une quantité prodigieuse d'idées nouvelles tirées des auteurs français, sous le titre d'Abrégé substantiel des œuvres de Voltaire, de J.-J. Rousseau. Elles étaient traduites en grec moderne et réduites en quatre volumes, qui furent répandus au nombre de soixante mille exemplaires. Quelques années après, les malheureux Grecs ont demandé le baptême de la régénération, et vous savez quel baptême ils ont reçu.

La Grèce, livrée aux horreurs de l'anarchie, après avoir fait couler des torrents de larmes et de sang, a fini par revenir à la monarchie. Quelle leçon pour les hommes engoués du système républicain !

Plusieurs des révolutionnaires beaux-esprits y ont péri.

La mort tragique des révolutionnaires devrait dessiller les yeux des jeunes gens et même des hommes âgés.

Ces messieurs semblent dire :

> Les sots sont ici-bas pour nos menus plaisirs.

Ils ne réfléchissent pas que tacitement on leur dit :

> On vous devine mieux que vous ne savez feindre.

La véritable finesse est de n'en point avoir.

La Rochefoucauld fait cette remarque, en parlant des hommes fins : « L'usage ordinaire de la finesse (1) est la marque d'un petit esprit, et il arrive

en fait d'armes, condamné par cet infâme tribunal à la mort, et lui dit : « Puisque tu es si adroit, pare donc cette botte-là. » Le peuple, qui fait des rapprochements, voyant cet accusateur dans la fatale charrette qui le conduisait à la guillotine, ne cessait de répéter : « Pare donc cette botte-là. »

(1) Les femmes ont plus de finesse, de tact, que les hommes. Destouches, dans *le Philosophe marié*, fait dire au philosophe par une femme qu'il appelle Finette :

> C'est conscience à vous que de vouloir forcer
> Pendant deux ans entiers une femme à se taire.
> Pour moi, j'aimerais mieux vivre en un monastère,
> Jeûner, prier, veiller, et parler tout mon soul.

ARISTE (se levant).

> Parlez, morbleu ! parlez ; je ne suis pas si fou
> Que de vouloir tenir vos langues inutiles ;
> Sur un point seulement qu'elles soient immobiles ;
> Ce n'est que sur ce point que je l'ai prétendu.

presque toujours que celui qui s'en sert pour se couvrir en un endroit, se découvre en un autre.

On a dit d'un révolutionnaire qui avait beaucoup d'esprit, qui servait tour à tour tous les partis : Cet homme est toujours en croupe derrière le mieux monté.

Les protées, les caméléons politiques prennent tour à tour la livrée des factions ; on les voit, à cheval sur une girouette, crier, au gré des circonstances : Vive le roi ! vive la ligue ! Janus avait deux visages : les Janus, les imbroglios modernes en ont quatre. Ne peut-on pas en dire autant des hermaphrodites, des amphibies politiques qu'on voit tour à tour apostats de la monarchie, de l'empire, de la république, etc.; et qui finissent par avoir tous les partis contre eux.

Un milord disait à un de ses collègues : « La ruse ne conduit pas un homme

---

FINETTE.

Oui, mais ce point, monsieur, c'est le fruit défendu,
Et voilà justement ce qui nous affriande.
Parmi vingt bons ragoûts la plus grossière viande
Que l'on me défendrait constamment de goûter,
Serait le seul morceau qui pourrait me tenter.
Jugez après cela si je n'ai pas la rage
De parler librement de votre mariage.

ARISTE.

Quel travers ! quel esprit de contradiction !
Quel fonds d'intempérance et d'indiscrétion !
Voilà les femmes !

FINETTE.

Soit. Mais, telles que nous sommes,
Avec tous nos défauts, nous gouvernons les hommes,
Même les plus hupés, et nous sommes l'écueil
Où viennent échouer la sagesse et l'orgueil.
Vous ne nous opposez que d'impuissantes armes :
Vous avez la raison, et nous avons les charmes.
Le brusque philosophe, en ses sombres humeurs,
Vainement contre nous élève ses clameurs :
Ni son air renfrogné, ni ses cris, ni ses rides,
Ne peuvent le sauver de nos yeux homicides.
Comptant sur sa science et ses réflexions,
Il se croit à l'abri de nos séductions.
Une belle paraît, lui sourit et l'agace :
Crac, au premier assaut elle emporte la place.

Il est donc vrai de dire que l'or et les femmes sont les puissances de ce monde.

à bien. C'est une fausse monnaie qui trompe quelque temps , mais qui est bientôt décréditée. Je déplore de voir un homme comme vous descendre à de viles manœuvres ; on ne vous admire pas tant qu'on vous déteste , et les vices de votre cœur ne sont pas compensés par la supériorité de votre esprit. »

Le marquis de Lassay disait en parlant des beaux-esprits : « Il n'y a rien de si beau que l'esprit de l'homme , rien de si effroyable que son cœur. »

Comme on l'a dit, on ne réussit plus aujourd'hui à tromper personne.

Il y a , a-t-on observé, plus d'esprit que dans la tête du spirituel Voltaire : c'est dans la tête de tout le monde. Là aussi se trouve plus de pénétration , de jugement , que dans la tête des conseillers des princes présents et futurs.

Comment les beaux-esprits ont-ils la prétention de vouloir , dans un siècle qu'on appelle celui des lumières (1), échapper à la pénétration de tous , tromper toutes les prévoyances par des promesses fallacieuses ; de vouloir endormir tout le monde à l'aide de sophismes , de subtilités , de la phraséologie. La véritable finesse, comme je l'ai dit , c'est donc de n'en point avoir. Que ces hommes si fins , si spirituels , méditent les réflexions du bon Lafontaine , qui dit en parlant d'eux :

> Arrière ceux dont la bouche
> Souffle le chaud et le froid.

Il dit dans une autre fable :

> Toujours par quelque endroit fourbes se laissent prendre.
> Quiconque est loup agisse en loup ;
> C'est le plus certain de beaucoup.

Ce grand fabuliste donne cet avertissement aux méchants et aux fourbes :

> La ruse la mieux ourdie
> Peut nuire à son inventeur,
> Et souvent la perfidie
> Retourne sur son auteur.

On n'écrit pas aujourd'hui avec cette profondeur d'esprit. L'esprit ne manque pas en France, mais la bonne foi.

> O bonne foi, divinité suprême,
> Ta loi commande à Jupiter lui-même.

---

(1) A force de lumières, nous n'y voyons plus goutte. On parlait devant un homme d'esprit des lumières du siècle : « C'est vrai, répondit-il, mais c'est dommage que ce soit le diable qui ait tenu la bougie.»

Il n'en est pas ainsi des beaux-esprits qui se croient philosophes, qui ne sont que frottés de philosophie, qui ont l'esprit faux et le cœur pervers, qui finissent presque toujours par être victimes de leur déloyauté. Sont-ils plus de bonne foi entre eux qu'envers la société? Ils se haïssent, se méprisent et s'abandonnent dans le malheur. Le colloque qui eut lieu entre Fouché et Carnot, après la deuxième rentrée de Louis XVIII, donne la mesure de l'amitié, de l'estime qu'ils ont les uns pour les autres.

Carnot, qui se voyait au moment d'être exilé, va trouver Fouché, ministre de la police, et lui dit : « Traître, où veux-tu que j'aille? » — « Où tu voudras, imbécille », lui répondit Fouché.

Ce sont cependant les hommes de cette trempe qui exercent le plus grand empire sur l'esprit des souverains.

« Ah! qu'un roi, disait Fénélon, est malheureux! Il est exposé aux artifices des méchants ; il est perdu, s'il ne repousse la flatterie et s'il n'aime ceux qui disent hardiment la vérité. » Fénélon, pour déjouer les complots des flatteurs qui trompent les souverains, pour empêcher les abus d'autorité, conseille aux rois de consacrer un jour dans la quinzaine pour recevoir les plaintes, les demandes, les vues d'utilité publique. On prétend que cet usage est adopté par les souverains du nord, qui connaissent par eux-mêmes l'opinion publique.

Les souverains ne sauraient donc prendre trop de précautions contre la flatterie,

> Présent le plus funeste
> Que puisse faire aux rois la colère céleste.

Car c'est l'entourage qui perd les souverains.

> Ciel! verra-t-on par de cruels esprits
> Des princes les plus doux l'oreille environnée,
> Et du bonheur public la source empoisonnée?

Thomas, dans son admirable éloge de Marc-Aurèle, dit en parlant des flatteurs : « Mais toi qui vas succéder à ce grand homme, ô fils de Marc-Aurèle, songe aux devoirs de celui qui commande, aux droits de ceux qui obéissent. Destiné à régner, il faut que tu sois ou le plus juste ou le plus coupable des hommes : le fils de Marc-Aurèle aura-t-il à choisir? On te dira bientôt que tu es tout-puissant ; on te trompera : les bornes de ton autorité sont dans la loi. On te dira encore que tu es grand, que tu es adoré de tes peuples ; écoute : Quand Néron eut empoisonné son frère, on dit qu'il avait sauvé Rome ; quand il eut fait égorger sa femme, on loua devant lui sa justice ; quand il eut assassiné sa mère, on baisa sa main parricide, l'on courut aux temples remercier les dieux. Ne te laisse pas non plus éblouir par les respects ; si tu as des vertus, on te rendra des hommages et l'on te haïra. Crois-moi : on n'abuse point les peuples. La justice outragée veille dans tous les cœurs. Maître du monde entier, tu peux m'ordonner de mourir, mais non de t'aimer. »

Gordon, parlant des flatteurs, disait : « Si la peste avait des jarretières, des cordons, des pensions à donner, elle trouverait des théologiens assez vils, des jurisconsultes assez bas, pour soutenir que le règne de la peste est de droit divin, et que se soustraire à ses malignes influences, c'est se rendre coupable au premier chef. »

Les flatteurs font souvent adopter aux souverains pour règle de leur conduite la maxime : *Oderint dùm metuant*, qu'ils me haïssent, pourvu qu'ils me craignent. Mais

> Qui sceptra duro sævus imperio regit
> Timet timentes ; metus in auctorem redit.

Celui qui commande avec despotisme craint ceux qui le craignent ; la crainte revient sur son auteur. Telles sont les conséquences du système d'intimidation, de la peur, de l'absolutisme, du bon plaisir qui consacre pour principe :

> Sic volo, sic jubeo ; sit pro ratione voluntas.

Je le veux, je l'ordonne, telle est ma volonté : elle doit tenir lieu de raison.

On demandait à Thalès ce qu'il avait vu d'extraordinaire dans le monde. « Un vieux tyran », répondit-il. « Lorsque le tyran attache, dit Bernardin de Saint-Pierre, la chaîne au cou de l'esclave, la Providence rive l'autre bout au cou du tyran. »

Un de nos poètes fait sentir les terribles conséquences d'adopter le système de l'intimidation, de la peur, dans le discours qu'il fait adresser à Néron par Burrhus :

> Ne suffit-il pas, seigneur, à vos souhaits
> Que le bonheur public soit un de vos bienfaits ?
> C'est à vous de choisir ; vous êtes encor maître.
> Vertueux jusqu'ici, vous pouvez toujours l'être.
> Le chemin est tracé ; rien ne vous retient plus ;
> Vous n'avez qu'à marcher de vertus en vertus.
> Mais si de vos flatteurs vous suivez la maxime,
> Il vous faudra, seigneur, courir de crime en crime,
> Soutenir vos rigueurs par d'autres cruautés,
> Et laver dans le sang vos bras ensanglantés.
> Britannicus mourant excitera le zèle

De ses amis tout prêts à prendre sa querelle.
Ces vengeurs trouveront de nouveaux défenseurs,
Qui même après leur mort auront des successeurs.
Vous allumez un feu qui ne saura s'éteindre ;
Craint de tout l'univers, il vous faudra tout craindre ,
Toujours punir, toujours trembler dans vos projets,
Et pour vos ennemis compter tous vos sujets.

Voilà où conduit la flatterie, qui perd les chefs des états et les états eux-mêmes.

Nous nous garderons bien de confondre avec les flatteurs, avec les sophistes, avec les faux beaux-esprits, les hommes d'état, les hommes à principes et à caractère, qui sont si rares aujourd'hui, que la France renferme dans son sein , les Bignon, les Odilon Barrot, les Dupont de l'Eure, les Pagès, les Fitz-James, les Mauguin , les Royer-Collard, les Salverte, dont la France et l'Europe admirent les talents et le caractère. M. Bignon, cet honorable député, aussi profond écrivain qu'homme d'état , de tous nos hommes publics , a le mieux compris son siècle, ainsi qu'il l'a prouvé lorsqu'il a dit :

« On a beaucoup parlé de ce que la nation attend comme conséquence de la révolution de juillet. » Nous ferons remarquer qu'il y a dans la nation tout entière un sentiment qui n'a jamais varié , qui, loin de s'affaiblir, n'a fait plutôt que s'accroître, l'amour de l'égalité (1). Ce sentiment, comprimé sous la restauration , a, depuis les journées de juillet, repris toute son énergie. A moins d'arriver à une contre-révolution absolue , il est désormais impossible de le comprimer une seconde fois. De tous les besoins de la nation, c'est le plus vif, le plus impérieux ; de toutes les passions, c'est la plus ardente ; c'est à vrai dire une nécessité de son existence. « Le niveau de l'égalité a passé sur la tête des nobles, des prêtres, des parlementaires ; il finira par passer sur la tête des monopoleurs, des privilégiés , des censitaires. Le droit commun l'emportera sur les priviléges. « Le peuple, a dit Syeyes, veut être quelque chose. » Il ne faut pas se tromper, la révolution est stationnaire, mais elle ne saurait être rétrograde.

Parmi les hommes qui défendent les principes , on distingue M. Salverte. Dans une discussion qui eut lieu à la chambre, cet estimable législateur fit une réflexion pleine de justesse relative aux principes dont les beaux-esprits paraissent se faire un jeu, car, à les entendre, c'est l'esprit qui fait les principes, que le vulgaire reçoit sans les juger.

---

(1) Tout homme qui a le sentiment de sa dignité partage l'opinion de M. Bignon, car :

Tout homme en vaut un autre, à moins que, par malheur,
L'un d'eux n'ait corrompu son esprit et son cœur.

Les beaux-esprits marchent sur les traces de leurs prédécesseurs. D'A-lembert distinguait aussi plusieurs morales , celle du gouvernement, celle du philosophe, celle du citoyen, etc., etc., comme si la morale n'était pas la même pour tous les hommes. Si l'esprit fait les principes, la déviation des principes a défait et défera bien des hommes. Que de mécomptes, de désappointements n'a-t-elle pas occasionés, n'occasione-t-elle pas tous les jours!

L'observation de M. Salverte, à la dialectique duquel il faut rendre justice, est remarquable lorsqu'il dit : « Logiquement parlant, quand on pose un principe on ne peut pas dire : j'en admettrai trois ou quatre consé-quences et pas davantage, il faut aussi admettre les autres ; si après avoir accordé dix conséquences, vous leur refusez la douzième, vos adversaires sont en droit de vous demander, pourquoi ne vous êtes pas plutôt arrêté à la huitième, et en remontant de conséquences en conséquences, pour-quoi avez-vous adhéré à la première ? »

M. Salverte semble condamner ceux qui consacrent les principes aux-quels ils redoivent leur existence et qui reculent devant les conséquences, car, il faut le dire, notre siècle est celui des inconséquences.

M. Royer-Collard, dont les talents sont connus, président du collége de Vitry, dans le discours de remercîment qu'il lui fit et qui sera consigné dans l'histoire, lui dit : « L'ordre moral est la vie des nations; il reste et restera toujours des principes supérieurs aux vicissitudes des gouverne-ments et des sociétés qui doivent être défendus dans toutes les conjonc-tures, parce qu'ils sont le patrimoine de l'humanité. »

Le public a vu avec la plus grande satisfaction que MM. les électeurs ont choisi pour députés M. Salverte et M. Royer-Collard. M. le duc de Noailles, dans un discours plein de logique et d'éloquence, a fait sentir à la chambre des pairs le besoin des principes, et prouve que ce qui doit surtout frapper, c'est ce désordre général des idées, cette absence de tout principe, au milieu desquels nous vivons depuis quatre ans ; que ce n'est pas par des condamnations qu'on peut remédier à ces maux, c'est en rendant honneur aux principes qu'on peut sauver le pays, etc.

Les beaux-esprits, les sophistes ne sont pas de cet avis ; leur opinion ne prévaudra pas toujours; ils ont fait tant de mal que les sociétés sont obli-gées de chercher le remède contre leur jonglerie, contre leur charlata-tanisme. Le temps n'est pas éloigné où l'on verra les principes triompher des beaux systèmes, des novateurs, des utopistes.

L'on est tout étonné de voir pleuvoir les honneurs, les dignités, les ri-chesses sur les flatteurs, sur les proxénètes, sur les sycophantes qui n'ai-ment dans les souverains que le pouvoir qu'ils ont de les gorger d'or.

Cette générosité contraste d'une manière frappante avec la parcimonie ou plutôt le refus qu'on fait à l'homme de lettres, à l'écrivain qui se dévoue au gouvernement, qui consacre ses veilles, ses méditations, quelquefois son nécessaire dans le dessein d'être utile, et qui souvent n'éprouve que des humiliations lorsqu'il demande qu'on lui prenne un certain nombre d'exemplaires d'écrits reconnus utiles, pour le dédommager des frais qu'il a faits en les publiant, comme s'il ne devait pas avoir part aux encouragements accordés par la chambre aux gens de lettres. Que fait-on de ces fonds ? la faveur, la protection en disposent.

Un poëte a dit :

> Ami, si tu n'as rien, n'attends rien de personne,
> Les riches sont ici les gueux à qui l'on donne.

En effet on refuse rarement à ceux qui n'ont pas besoin, que la fortune et les dignités rendent redoutables et qu'on veut se ménager.

Ce qu'il y a de plus surprenant, c'est de voir les fonctionnaires, qui ont le plus grand intérêt à la conservation du gouvernement, refuser leur appui aux écrivains qui ne craignent pas de se faire des ennemis, qui se ruinent pour le défendre et le soutenir de tout leur pouvoir.

A Londres, on accorde, dit-on, une indemnité à l'écrivain qui s'occupe d'objets utiles, quand il n'aurait pas des talents transcendants.

Les Anglais sont persuadés de cette vérité : qu'il n'est pas de sot de qui un sage ne puisse recevoir un bon conseil ; aussi vont-ils à la chasse des idées dans tous les livres. Les hommes de bureau (qui sont les chanoines de la société) vivent de leur travail, de leur plume ; pourquoi les hommes de lettres, qui font beaucoup plus de sacrifices que MM. les bureaucrates, n'auraient-ils pas le même droit ?

Boileau dit :

> Je sais qu'un noble esprit peut, sans honte et sans crime,
> Tirer de son travail un tribut légitime.

De beaux-esprits ont, il est vrai, abusé des sciences et des lettres ; ce n'est pas une raison pour ne pas encourager les hommes qui les cultivent, qui cherchent à éclairer la société, à rapprocher les esprits divisés, à les rallier autour du gouvernement. « Si tu veux faire croître les talents, dit un proverbe persan, sème des récompenses. »

Il ne faut pas justifier la pensée de Voltaire lorsqu'il parle de l'homme de lettres. « Il est malheureux, dit-il ; il passe sa vie entre la misère et les sifflets. »

Parce que des hommes à talents ont abusé de l'ascendant que donne l'esprit pour tromper leurs semblables, ce n'est pas une raison pour proscrire les sciences, la philosophie, qu'il ne faut pas confondre avec le philosophisme qui est l'abus de la philosophie.

Il faut bien se garder, sous prétexte de remédier à l'abus des sciences et des lettres, d'ôter jusqu'à l'usage, comme il n'est que trop commun de le faire, parce que l'homme va toujours d'extrême en extrême. Car c'est aux sciences à réparer envers la société le mal qu'a produit l'abus qu'on en a fait, puisque les sciences et les arts sont les bienfaiteurs de la société ; une nation qui cesserait de cultiver les lettres et les sciences, après s'y être livrée, deviendrait plus barbare et plus immorale qu'auparavant.

« En vain prétendrait-on, observe un de nos grands écrivains, que tout a été dit et pensé, que les auteurs ne font que se répéter ; ô envieux, lui dirait-on, est-ce aux anciens qu'on doit l'imprimerie, l'horlogerie, les glaces, les pompes à feu ? Quel autre que Newton, dans le siècle dernier, a fixé les lois de la pesanteur ? L'électricité ne nous offre-t-elle pas tous les jours une infinité de phénomènes nouveaux ? » « Les lunettes achromatiques et le miroir d'Archimède, exécuté par Buffon, sont deux exemples, dit feu M. Portalis, bien faits pour nourrir le désir ardent de connaître qui doit animer tous nos travaux. »

Lorsque, après un orage affreux arrivé pendant la nuit, César vit les dards de la cinquième légion briller d'une lumière spontanée, ce fut pour lui et pour son siècle un phénomène qui tenait du prodige ; eût-on pu croire que nous découvririons un jour la liaison de ce phénomène avec d'autres faits qui, devenus l'objet des observations des Franklin, des Priestley et de tant d'autres savants physiciens, nous mettraient à portée de diriger la foudre et de nous défendre contre le feu du ciel !

Avant les Montgolfier, les Pilastre de Rozier, les Charles, les Blanchard, eût-on cru possible de s'élever et de voyager dans les airs au moyen des aérostats ?

Disons avec Sénèque que d'autres secrets seront révélés à nos neveux, et que l'esprit humain, en traversant les siècles, pénètrera toujours plus avant dans les merveilles de la création. Il n'est plus, dit-on encore, de découvertes à faire ; mais, dans la morale et dans la politique, où l'on devrait peut-être avoir tout dit, a-t-on déterminé l'espèce de luxe et de commerce le plus avantageux à chaque nation ? en a-t-on fixé les bornes ? A-t-on découvert les moyens d'entretenir dans une nation l'esprit de commerce et l'esprit militaire ? A-t-on indiqué la forme du gouvernement (1) le plus propre à rendre les hommes heureux ?

---

(1) Jusqu'à la révolution on avait regardé avec Henri IV et Leibnitz la forme du

A-t-on fait seulement le roman d'une bonne législation telle qu'on pourrait l'établir à la tête d'une colonie sur quelque côte de l'Amérique.

Le temps a fait dans chaque siècle présent de quelques vérités aux hommes, mais il lui reste bien des dons à nous faire.

« Pourquoi, observe Quintilien, n'oserait-on pas avancer que la durée

---

gouvernement monarchique comme la meilleure, la religion et la monarchie, comme les deux bases de la prospérité publique ; mais

Il nous faut du nouveau n'en fût-il plus au monde.

Les beaux-esprits croient avoir reçu du ciel un brevet d'infaillibilité et semblent donner à nos pères un certificat de niais, d'imbéciles. A entendre les grands faiseurs, nous sommes à *toujours* dans le gouvernement représentatif, qui ne représente que lui, comme s'il y avait rien d'éternel que l'Eternel. Le gouvernement représentatif est la monomanie du jour ; c'est, s'il faut en croire ses apologistes, qui en ont fait une mine qu'ils exploitent avec succès, le chef-d'œuvre de l'esprit humain, le *nec plus ultrà* de la raison, le gouvernement modèle. Il n'est cependant que le beau idéal des gouvernements ; il faut lui obéir tant qu'il existe, parce qu'il vaut mieux avoir de mauvaises lois que de ne pas en avoir du tout. « Mais toute loi, dit Grotius, qui ne permet pas l'examen et la critique, est une mauvaise loi. » L'intérêt général exige donc qu'on jette un coup d'œil sur ce gouvernement dont nous avons fait l'essai, qu'on en fasse l'autopsie. Qualifierait-on, comme sous la convention, d'avilisseur celui qui en ferait connaître les inconvénients dont nous avons appris à nous convaincre depuis que nous en avons fait l'essai ?

Les anciens ne partageaient pas notre opinion sur le gouvernement représentatif ; ils regardaient les grandes assemblées comme de grandes cohues où les sages délibéraient, où les fous décidaient ; persuadés qu'ils étaient que la raison ne peut pas se trouver en si grande compagnie ; qui ne saurait en être l'organe, ils avaient vraisemblablement observé que la raison comme la vertu est en minorité sur la terre.

Pitt, le fameux Pitt, dans une taverne de Londres, prouva les inconvénients du gouvernement représentatif, en montrant le tarif des consciences qu'il avait achetées pour obtenir la majorité qui fait toute la force du gouvernement représentatif ; c'est là le secret du gouvernement représentatif. Voltaire parle ainsi des députés aux états-généraux, et en fait la critique en disant :

> De mille députés l'éloquence stérile
> Y fit de nos abus un détail inutile,
> Et de tant de conseils l'effet le plus commun,
> C'est de voir tous nos maux sans en soulager un.

En parlant des députés, il ajoute :

> Ils disaient d'or et ne concluaient rien.

Je ne rapporte pas tout ce que Montesquieu, J.-J. Rousseau ont dit du gouvernement représentatif. A mon avis, nos débats politiques sur les gouvernements finiront par établir, non le gouvernement représentatif, qui n'a plus les représentés

des siècles fera découvrir quelque chose de plus parfait que ce qui a ci-devant existé ? »

Le poëte Lemierre a dit :

Croire tout découvert est une erreur profonde,
C'est prendre l'horizon pour les bornes du monde (1).

« Les villes et les hommes, dit Plutarque, ne seront délivrés de tous les maux que par une fortune divine. »

La puissance et la philosophie, se rencontrant dans un même homme, rendront la vertu triomphante du vice.

Qu'il serait honorable pour Louis-Philippe d'être ce grand homme dont parle Machiavel lorsqu'il dit « qu'un prince ou un grand homme qui aspirerait à l'immortalité choisirait pour son gouvernement et le théâtre de sa gloire un état corrompu et en décadence qu'il se proposerait de rectifier, où il aurait le projet d'établir l'ordre et les mœurs. »

Un prince qui voudrait s'immortaliser ne pourrait mieux faire que

---

pour lui, parce qu'il ne leur a pas procuré la liberté, le bonheur, qu'ils en attendaient, mais le gouvernement monarchique modifié, la monarchie constitutionnelle; non l'absolutisme, l'arbitraire, mais le despotisme de la loi.

Louis-Philippe, qui ambitionne la véritable gloire, en jettera les fondements et ceux de sa famille en mettant la loi au dessus de l'homme. Napoléon a été le premier et le dernier de sa dynastie, il n'en sera pas ainsi de Louis-Philippe qui veut marcher avec son siècle et faire cesser les convulsions politiques des sociétés qui ne cessent de flotter entre le despotisme et l'anarchie; c'est ainsi qu'il immortalisera son nom qui, par ce moyen, passerait à la postérité la plus reculée. Le roi, à la tête de la nation la plus brave, la plus éclairée de l'univers, qui en est le point de mire, donnera l'impulsion à la France, qui, après l'avoir reçue de son roi, la communiquera à tous les peuples, et Louis-Philippe occupera la première place dans l'histoire; car un roi est vraiment grand quand il place sur le trône le livre de la loi, dont il est l'organe, le protecteur et non le maître.

Le peuple est digne d'un pareil roi quand il dit avec Cicéron : *Bonus est civis qui non potest pati eam in suâ civitate esse potestatem quæ suprà leges esse velit.* Un bon citoyen est celui qui ne peut souffrir qu'il s'élève un pouvoir au dessus des lois. La loi est un glaive qui plane sur toutes les têtes et qui tranche tout ce qui s'élève au dessus d'elle. C'est ainsi, je crois, que se résoudra le problème de la révolution la plus extraordinaire qui ait jamais existé, où l'on remarque tant de symptômes de civilisation et de barbarie.

La raison finira par avoir raison; le droit commun triomphera après bien des chocs du privilége quel qu'il soit.

(1) Milord Brougham a émis en parlant des sciences une pensée spirituelle et profonde, lorsqu'il a dit : « Le maître d'école est le dominateur de l'Europe; son alphabet est plus puissant que la baïonnette du soldat. »

de choisir la France, où l'irréligion, la corruption, l'immoralité sont portées à leur comble ; c'est à Louis Philippe à justifier ce qu'on lui fait dire le jour où il déclarait à MM. Arago, Laffitte et Odilon Barrot que le système du 13 mars n'était pas celui de Casimir Périer, mais le sien ; que ce système, arrêté, mûri dans sa pensée, ne changerait point ; qu'il ne craignait ni les factions terrassées par sa seule présence dans la matinée du 6 juin, ni les rois de l'Europe, qui n'avaient pas à eux tous l'étoffe d'un duc d'Orléans ; que son avénement avait été un bonheur inespéré pour la France ; que son système était un bienfait dont il la ferait jouir envers et contre tous.

Il est grandement temps que Louis-Philippe réalise le projet qu'il a de faire jouir la France d'un bonheur inespéré, car il serait à craindre que la désaffection, que le malaise, que la misère ne servissent d'auxiliaires à l'étranger contre le gouvernement de Louis-Philippe. Je répéterai ce que j'ai déjà dit ailleurs, c'est que l'amour du peuple est le plus sûr rempart de l'autorité.

« Je crains, disait Alphonse, roi de Castille, plus la haine de mon peuple que le fer de mes ennemis. » C'est cette haine qui a renversé Bonaparte ; car il faisait trembler tous les rois, qui ne seraient pas entrés en France s'ils ne s'étaient reposés sur les malheureux et les mécontents de l'intérieur.

« Celui qui méprise sa vie, disait Henri IV, est maître de la mienne. » Aussi cherchait-il à se faire aimer de tous les hommes, puisqu'il désirait que chacun pût mettre la poule au pot ; aussi a-t-on dit de ce bon prince :

Le seul roi dont le peuple ait gardé la mémoire.

« Arbitres des hommes, disait Sandi, craignez les plaintes des malheureux ; elles parcourent la terre, elles traversent les mers, elles pénètrent les cieux ; il ne faut qu'un soupir de l'innocence opprimée pour remuer le monde. » Un philosophe disait aux souverains : « Quand vous serez dans les bosquets délicieux de votre harem, entendez les plaintes des malheureux que la misère tient éveillés. »

Louis-Philippe, éclairé comme il l'est, doit jeter un coup d'œil observateur sur la position actuelle de la France, calculer toutes les éventualités, car s'il est une circonstance où l'on puisse dire ce qu'a dit Lafontaine :

Le temps présent est gros de l'avenir,

c'est bien dans celle-ci. En effet, il est démontré à tout homme qui pense et qui réfléchit, que nous semblons toucher au dénoûment du drame de la révolution qui dure depuis plus de quarante ans et que la sagesse de Louis-Philippe pourrait faire tourner au profit de la France. Car il est évident que l'étranger nous fait une guerre sourde, une guerre de ruse et de temporisation dont il attend les résultats. Ces puissances qui, comme nous, font de grands sacrifices, de grandes dépenses, ont adopté la politique (1) de Fabius qui a rétabli la chose publique en temporisant (*cunctando restitutit rem*).

Les potentats, frappés de stupéfaction par la révolution de juillet, qui aurait mis Louis-Philippe dans le cas de dicter des lois à l'Europe, s'il eût profité de la circonstance, les souverains, dis-je, voyant une armée redoutable, créée comme par enchantement, à l'aide des talents d'un grand capitaine reconnu comme tel par l'Europe, le maréchal Soult (2), n'osèrent pas bouger et recoururent à la ruse, laissèrent au temps le soin de refroidir l'enthousiasme, de tuer l'énergie. Il faut, s'est dit l'étranger, faire périr les Français à coups d'épingle, par l'atonie, par le marasme politique; il faut faire la guerre à leurs finances (3) par des demandes qui leur seront faites par les puissances ; puisque la victoire, ainsi que l'a dit Frédéric, reste à celui qui a le dernier écu (4), il faut trouver le secret

---

(1) Un homme d'esprit a ainsi défini la politique : *Ars politica est ars non tam regendi quàm fallendi homines*. La politique n'est pas tant l'art de conduire les hommes que de les tromper. Un poète a fait ces vers en parlant de la politique :

> Cet art auparavant si sage en ses desseins,
> Ce grand art d'assurer le bonheur des humains,
> Ne fut que l'art profond, mais odieux, qui fonde
> La grandeur des tyrans sur les malheurs du monde.

(2) On dira après la mort du maréchal Soult : Vivant, nous déchirions le grand homme; mort, nous tombons à ses genoux.

(3) Les finances de l'étranger sont dans un état bien moins florissant que les nôtres, et notamment celles de la Russie dont le trésor est à sec, et qui, ont dit les journaux, a été repoussée péremptoirement de toutes les puissances où elle a tenté de négocier un emprunt. La guerre que l'empereur Nicolas voudrait nous faire n'est pas à craindre, parce que l'argent, qui est le nerf de la guerre, lui manque, et la Russie finira par faire une alliance avec la France. La force des choses, plus forte que les hommes, finira par l'y amener.

(4) L'étranger veut donc nous faire épuiser toutes nos ressources, faire subir, par la disette des finances, aux Français le supplice des Danaïdes condamnées dans les enfers à remplir un tonneau percé. Il n'y a pas d'effet sans cause : « L'agriculture, le commerce, disait Sully, sont les deux manivelles de l'état; l'on fera jouer tous les ressorts pour tarir ces deux sources de prospérité publique. »
Les hommes d'état, persuadés de cette vérité, ont partagé l'opinion de Casimir

de le retirer des mains des Français. Quand les forces seront épuisées, quand les finances seront ruinées par l'extinction de l'agriculture et du commerce, qui sont les deux sources de prospérité publique, quand les Français seront fatigués de courir de péripétie en péripétie, de voir se perpétuer une révolution qui ne finit pas et qui empire leur position, quand le machiavélisme, notre auxiliaire, amènera la guerre civile, mettra aux prises les hommes les uns contre les autres; c'est alors que nous nous montrerons, nous verrons se réaliser la prédiction de Metternich qui a dit: « Attendons encore quelque temps; les Français en 1789 ont traversé la liberté, et de secousse en secousse sont arrivés au despotisme; telle sera encore leur destinée. Ce serait, ajoute-t-il, un grand malheur pour nous s'ils conservaient du calme et de la dignité, tous les peuples suivraient leur exemple et l'Europe entière serait libre. » Les puissances pourraient se tromper dans leurs calculs, elles ne réfléchissent pas que le paroxisme du désespoir a été souvent le père de la victoire :

Una salus victis nullam sperare salutem.

L'étranger a beau faire usage de la tactique de Philippe, roi de Macédoine, qui disait : « On est toujours maître d'une place, pourvu qu'il y ait une brèche assez grande pour y faire passer un mulet chargé d'or. » Il y a, il faut le dire, bien des brèches en France; car l'on pourrait lui appliquer ce qu'on disait de Rome : « *Urbem venalem, si emptorem inveniat!* Ville vénale, si elle trouve un acheteur ! » il y a encore plus de vendeurs que d'acheteurs. En effet, que d'Architopels, que de Sinons, que de Judas ! mais les traîtres, aveuglés par l'intérêt, n'observent pas qu'on aime la trahison, qu'on immole les traîtres. Quoi qu'il en soit, je suppose que l'étranger se présente une troisième fois sur notre frontière, la présence de l'ennemi ferait sortir la France de son apathie, réveillerait l'honneur national, ressusciterait encore une fois dans le cœur des Français l'énergie, la bravoure dont ils ont tant de fois donné des preuves. Le Français, le peuple le plus spirituel, le plus brave de l'univers, ne consentira jamais à devenir la fable, la risée de l'Europe. La France a été le berceau de la liberté et ne saurait consentir à en devenir le tombeau, à laisser pénétrer les Russes dans l'intérieur. La leçon qu'ils ont donnée aux malheureux Polonais qu'ils ont fait conduire dans les déserts de la Sibérie ne s'effacera pas de leur mémoire. L'étranger, qui voudrait se partager la France comme la Pologne, ne réussira pas à s'emparer de la France, le plus beau pays de

---

Périer, qui a dit en parlant de l'intervention : « Le sang et l'argent des Français n'appartiennent qu'à la France. » Bonaparte et les Français n'ont-ils pas été assez punis de s'être mêlés des affaires de l'Espagne.

l'univers, favorisé des regards du ciel, qui seul peut se suffire à lui-même ; car le Français sait que les puissances ne lui pardonneront jamais d'avoir fait une révolution qui, observent-elles, a mis l'univers en feu. Dans le moment du danger les partis divisés sentiront le besoin de se réunir ; ils connaissent la fable des faisceaux de Lafontaine, qui divisés sont brisés par la débile vieillesse, et qui réunis résistent à la robuste jeunesse. Les Français sentiront combien il serait glorieux pour la France de devenir le modèle des nations. Toutes ces considérations déjoueront les projets de l'étranger, des beaux-esprits, ses agents, et l'on verra se justifier la prédiction de Metternich, qui a dit que si les Français conservaient du calme et de la dignité, tous les peuples suivraient leur exemple et l'Europe entière deviendrait libre.

Les agents que l'étranger paie pour lui rendre compte de ce qui se passe chez nous, ne manquent pas de lui faire part de notre position qu'il connaît mieux que nous, puisqu'elle est son ouvrage ; ils lui en tracent le tableau ; les vols, les assassinats, lui mandent-ils, se multiplient tous les jours ; on n'entend parler que de parjures (1), que d'adultères, que de suicides (2), que d'homicides occasionés par la fureur des duels, que de parricides ; tous les liens de la société se brisent, se rompent et semblent annoncer la dissolution du corps social. La protection accordée aux maisons de jeu que l'on pense à faire fermer, l'égoïsme érigé en principe, le cynisme des apostasies, les scandales de la Bourse sont autant de preuves flagrantes de la démoralisation universelle. La maladie du corps social est arrivée à son dernier degré, lorsqu'on est forcé de reconnaître l'épidémie du crime.

(1) « Le serment politique, dit *le Temps*, est le plus vain des engagements, puis-

---

qu'il ne lie pas également tous ceux qui le prêtent. » Voici ce que dit un de nos historiens du serment : « Cette formalité du serment, si souvent employée par les partis, n'a jamais pu être regardée comme une garantie ; elle n'a jamais été qu'une vexation des vainqueurs qui ont voulu se donner le plaisir de forcer les vaincus à se parjurer. » On lit dans les annales de l'antiquité que les Grecs envoyèrent à Rome un ambassadeur pour négocier la paix. Après qu'il eut parlé, un Romain monte à la tribune pour s'y opposer et dit : « Mais des Grecs ont-ils jamais tenu leur parole ? Par quels liens, par quels serments, par quels dieux pouvez-vous les enchaîner ? » L'ambassadeur, confus et humilié, remonte à la tribune et dit : « Par quels liens, par quels serments, par quels dieux peut-on lier les Grecs ? a-t-on observé ; par ces mêmes dieux, qui humilient si profondément les parjures, » et le traité fut signé. Le besoin de recouvrer la considération des nations les a rendues fidèles à leurs serments.

(2) *La Gazette de France* fait à ce sujet des observations pleines de justesse sur les suicides. Chez les Grecs et les Romains, les suicides se sont multipliés quand les mœurs se sont corrompues. Plutarque nous dit que les jeunes filles se pendaient en foule et qu'on fut obligé d'infliger une punition aux cadavres. On les dépouillait

La corruption règne partout. Elle préside, a-t-on dit, aux marchés, qu'on obtient à l'aide de pot-de-vins, faits au nom de l'état, aux concessions de fournitures, aux élections, à la distribution des faveurs des ministres, au choix des divers concurrents pour les places vacantes.

Voilà le fruit, le résultat de la philosophie, c'est-à-dire du philosophisme des doctrines modernes, des systématiques, des athées, des maté-

---

et ils restaient exposés aux regards du public. La pudeur fit ce que n'aurait pu faire aucune autre considération, elles cessèrent de se pendre.

En Egypte, sous le règne de Ptolémée-Philadelphe, un philosophe d'un esprit exalté peignait avec tant d'éloquence les chagrins de la vie, que ses élèves, après l'avoir entendu, se donnaient la mort. Ptolémée lui interdit la parole, et le suicide n'eut plus lieu.

Depuis l'établissement du christianisme jusqu'à nos temps modernes, les suicides ont été très-rares en Europe, on les traînait sur la claie.

C'est chez les Anglais que le suicide a reparu; c'est dans leur religion arbitraire, dans leurs institutions ou dans leur climat qu'il faut en chercher la cause; c'est à l'investigation des moralistes qu'il faut s'en rapporter.

En 1550, un Écossais donna à toute l'Europe l'exemple de la plus grande fureur pour attenter à ses jours. Dené, général, attaqua le fort de Cuir; il l'emporta d'assaut après un siége long et opiniâtre. Les Français y firent beaucoup de prisonniers et, entre autres, l'Écossais dont il est mention ci-dessus. Désespéré d'être au pouvoir de l'ennemi, il se coucha par terre, ferma la bouche et les yeux, se tint dans cette position pendant plusieurs jours, refusa de prendre aucune nourriture, et mourut de faim et de rage (Delarrey, *Hist. d'Angleterre*, t. 1, page 126).

Barnevelt, tragédie de Lemierre, contient une dissertation sur le suicide. Ce beau vers est prononcé par deux interlocuteurs qui parlent de la mort :

Caton se la donna. — Socrate l'attendit.

Toute la gloire de ce philosophe est d'avoir attendu la ciguë. Depuis deux mille ans, les peintres et les poètes ont célébré sa mort, et s'il se fût tué on n'en parlerait plus que pour le blâmer.

En 1802, plusieurs soldats de l'armée française s'étant donné la mort, le consul Bonaparte fit publier l'ordre du jour suivant :

« Un soldat doit savoir vaincre la douleur et la mélancolie des passions. Il y a autant de courage à souffrir les peines de l'âme qu'à rester ferme sous la mitraille d'une batterie. S'abandonner au chagrin sans y résister, se tuer pour s'y soustraire, c'est quitter le champ de bataille avant d'avoir vaincu. »

Je reproduis encore ce qui a été dit sur le suicide par *la Quotidienne*, amie ainsi que *la Gazette de France* des principes conservateurs des sociétés :

« La multiplicité effrayante des suicides nous force d'élever la voix contre cette maladie morale, la plus dangereuse et la plus commune de l'époque où nous vivons. Tous les jours des personnes de tout âge et de toute condition mettent fin à leur existence. Des jeunes filles, des enfants même tranchent le cours de leur vie avec un sang-froid qui fait frémir.

« S'il faut en croire la rumeur publique, la commission de police établie à Neuilly

rialistes, des utopistes, des idéologues, des rhéteurs, des sophistes, des beaux-esprits du siècle, des brouillons, des casse-cou politiques.

J'aime beaucoup la pensée profonde de M. Nicod, qui dit, lorsqu'il rappelle les actes qui ont surgi pendant la révolution : « A côté de l'horrible, il y avait de la grandeur ; nous la chercherions vainement. L'horrible, il n'existe pas ; mais je vois quelque chose de plus dégoûtant que l'horrible : alors le sang coulait, aujourd'hui l'honneur coule par tous les pores. »

Arrivés au point où l'immoralité nous a conduits, l'on ne peut plus que dire :

> Au virtus an dolus quis in hoste requirat?
> Entre ennemis qu'importe ou la force ou la ruse ?

On a fait cette réflexion :

> La raison du plus fort est toujours la meilleure.

La force ! « Mais le plus fort, observe Jean-Jacques, n'est jamais assez fort pour être toujours le maître. En effet, celui qui est plus fort qu'un seul sera moins fort que deux, sera moins fort que quatre, et ainsi de suite. Les faibles ne craindront rien s'ils s'unissent les uns les autres. Les choses les plus faibles détruisent les plus fortes ; la rouille mange le fer, et le plus vil de tous les insectes, le ver, dévore l'homme, le roi des animaux. »

« Qu'est-ce que le plus grand de tous les empereurs, disait Montaigne, dont le cœur devient le déjeûner d'un petit ver ? »

Qu'y a-t-il de plus faible que le passereau et de plus désarmé que l'hirondelle ? Cependant, quand paraît l'oiseau de proie, les hirondelles et les

---

ne l'aurait pas été seulement pour veiller à la sûreté du prince, mais aussi pour procéder à la levée des cadavres qu'on rencontre dans les allées du bois de Boulogne. Outre les suicides mentionnés dans les feuilles publiques, combien d'autres nous sont cachés par les familles qui ne veulent pas livrer la mort volontaire de leurs proches à la curiosité souvent malveillante du public, soit dans la crainte que la médisance et la calomnie n'aillent s'exercer sur la réputation de ceux qui survivent, soit à cause de l'espèce de tache que le suicide imprimerait à leur nom ; car heureusement la société tout entière n'est pas infectée de ce poison, il y a encore des pères qui ne voudraient pas laisser à leurs enfants le triste héritage de la corde ou du pistolet qui aurait servi à terminer leurs jours. »

Je terminerai les observations sur le suicide par ces vers de Gresset :

> La vie est un dépôt confié par le ciel,
> Oser en disposer c'est être criminel ;
> Du monde où m'a placé la sagesse immortelle,
> J'attends que dans son sein son ordre me rappelle.

passereaux parviennent à le chasser par leurs cris et leur réunion. Dans le pays des aigles, remarquent les naturalistes, les petits oiseaux font une conspiration contre l'aigle, forment par leur réunion un corps d'armée, mettent à sa tête quatre oiseaux armés d'un long bec, qui s'élancent sur l'aigle, lui crèvent les yeux, et se débarrassent ainsi de leur ennemi. La ruse triomphe donc de la force. La force ne fait donc pas le droit, et le droit est le souverain du monde, quoi qu'en disent les sophistes, qui, à l'aide de leurs subtilités, trouvent le secret de renverser les trônes, de bouleverser les états, en faussant les idées et les principes.

Les beaux-esprits du jour, les comédiens de quinze ans, ne réussiront pas, comme ils l'ont fait depuis le commencement de la révolution, à faire reprendre à Louis-Philippe le chemin des abîmes, à faire du souverain, comme ils l'ont fait de ses prédécesseurs, une Pénélope (1) qui défaisait la nuit ce qu'elle avait fait le jour.

---

(1) On a toujours profité de la mobilité des opinions des chefs des états qui ne savent pas avoir une volonté prononcée, déterminée. Leurs tâtonnements, leurs tergiversations, leurs hésitations, leurs irrésolutions, leurs indécisions les déconsidèrent et les perdent. « On ne perd les états que par timidité », a dit Voltaire. Boileau a bien peint le caractère de l'homme, lorsqu'il dit :

> Voilà l'homme en effet : il va du blanc au noir ;
> Il condamne au matin ses sentiments du soir.
> Aux autres importun, à soi-même incommode,
> Il change à tout moment d'esprit comme de mode ;
> Il tourne au moindre vent, il tombe au moindre choc,
> Le matin dans un casque et le soir dans un froc.

Les hommes étamés d'un grand caractère sont capables de grandes choses, et commandent aux événements, au lieu de se laisser maîtriser par eux ; ils électrisent les hommes faibles, indécis, qui sont le grand nombre, qui attendent l'impulsion pour agir.

Un de nos journaux, *le Constitutionnel*, a observé qu'en Angleterre, lorsque un homme entre dans la carrière de la politique, il choisit en débutant la ligne qu'il faut suivre. Quand le choix est fait, il y reste fidèle ; si son parti monte au pouvoir, il le suit ; si son parti en descend, il se retire avec lui. L'homme qui prétendrait passer alternativement dans l'autre, celui qui se constituerait l'auxiliaire de tous les vainqueurs, serait conspué par les uns et par les autres. Là chacun semble avoir pris pour devise ces vers de Corneille :

> Lorsque deux factions se partagent l'empire,
> Chacun suit au hasard la meilleure ou la pire.
> Mais, quand le choix est fait, l'on ne s'en dédit pas.

Il est bien vrai de dire que les hommes qui nagent entre deux eaux finissent toujours par se noyer.

En Angleterre, la nationalité est tout ; l'intérêt particulier est lié à l'intérêt gé-

On les fait dévier des principes qu'ils avaient consacrés, auxquels ils devaient leur existence. On peut se convaincre de cette vérité en se reportant au commencement de la révolution, car le passé est le miroir de l'avenir. N'est-ce pas à l'aide de cette tactique qu'on a rendu suicides, qu'on a fait creuser leurs tombeaux à tous les rois, à tous les chefs de l'état qui se sont succédé depuis 1789, en exceptant cependant Louis XVIII. En effet, on a fait violer à Louis XVI la constitution de 1791 ; on lui en a fait un crime, il est immolé. On a fait violer au directoire la constitution. Bonaparte lui reproche, au 8 brumaire, d'avoir violé les lois en prairial, en fructidor, le déclare incapable de gouverner, et s'empare du pouvoir. Il ne se doutait pas qu'en 1814 l'on motiverait sa déchéance sur la violation des lois. Charles X éprouva pareil sort. Louis-Philippe est averti ; quelle leçon pour lui ! en profitera-t-il ? c'est un problême que le temps résoudra. La France et l'Europe sont dans l'attente des grands événements qui se préparent.

«Quand Dieu, dit Homère, veut perdre les méchants, il commence par leur ôter la raison.» « *Quos Deus perdere vult dementat*, Dieu ôte la raison, dit l'Ecriture, à ceux qu'il veut perdre. » Il livre les souverains à

> Cet esprit d'imprudence et d'erreur
> De la chute des rois funeste avant-coureur.

Il faut le dire, Philippe est placé entre l'absolutisme et la monarchie constitutionnelle. La dernière tentative contre les jours de Louis-Philippe prouve de nouveau la protection du maître des empires, qui lui dit : « O Israël, je ne te sauverai pas sans toi. »

Louis-Philippe sait que du Capitole à la roche Tarpéienne il n'y a qu'un pas, et n'est pas sans observer que Bonaparte a laissé échapper des regrets tardifs et superflus sur la fin de ses jours, et a dit : « Pourquoi n'ai-je pas écouté à temps les vérités qu'un petit nombre de sages et bien intentionnés m'avaient fait entendre ? Comment ai-je pu me laisser influencer par des courtisans et des flatteurs qui me trahissaient ? »

C'est une vérité incontestable que les sages ont vaincu plus de braves que les braves n'ont vaincu de sages. Avoir un trône, conquérir un trône, n'est rien : le conserver est tout. Les flatteurs, les beaux-esprits, renversent les trônes ; les organes de la vérité en sont les amis, les conservateurs.

«Pour être utile aux rois, a dit M. Bignon, il faut leur déplaire. »

Les âmes faibles ne peuvent soutenir l'aspect de la vérité : ne regardant

---

néral. Aussi, lorsque le crédit chancelle, voit-on les Anglais porter leur argent à la banque, ne recevoir que des billets et payer en argent. Il n'en est pas ainsi en France, où l'agiotage perdra les Français s'ils n'y prennent garde.

pas Louis-Philippe comme une âme faible, j'ai cru devoir lui faire entendre les mâles accents de la vérité.

Les circonstances sont telles qu'elles nécessitent d'écouter tous les conseils, que le souverain pèse dans sa sagesse; puisque, ainsi que l'ont dit des hommes profonds, le gouvernement n'est ni la monarchie absolue, ni la monarchie représentative, ni la république, il n'y en a pas d'exemple dans le passé.

Violentum non durabile, les choses violentes ne sont pas de durée.

En reportant ses regards sur les années qui ont précédé la révolution, on voit qu'on fit la découverte du nouveau monde, qu'en 1789 on fit triompher les nouvelles idées, qui étaient le fruit de la philosophie moderne, qui avaient germé dans toutes les têtes, qui ont étonné, ébranlé l'univers. Tous les préjugés se soulevèrent; à des préjugés (1) succédèrent d'autres préjugés; aux priviléges du clergé, de la noblesse, du parlement, succédèrent les priviléges des monopoleurs, des censitaires, enrichis par la révolution, des patentés, des industriels.

Le souverain, tiraillé en tout sens par les anciens, par les nouveaux privilégiés, par leurs partisans, ne sait lesquels entendre. Les uns voudraient le faire rétrograder (ce qui étonne, c'est de voir figurer parmi eux des hommes qui redoivent à la révolution tout ce qu'ils sont, leur fortune et leurs honneurs), les autres le faire agir d'après les principes consacrés dans les journées de juillet. Ce parti paraît le plus sûr, car l'impulsion est donnée aux esprits. La raison, dont Dieu a fait présent aux hommes pour les éclairer dans le sentier ténébreux de la vie, ne saurait être rétrograde; elle ne peut qu'être progressive. Elle est, il est vrai, stationnaire, mais elle reprendra son cours. La monarchie (2), que Voltaire a voulu désenchanter, la monarchie, qui a fait, pendant quatorze siècles, le bonheur de la France, continuera de le faire en la mettant en harmonie avec les institutions nou-

---

(1) Les préjugés sont les rois de la terre. « Il est plus aisé à un homme, a dit Descartes, de renverser sa maison que de se défaire d'un préjugé.»

(2) Voltaire, voulant déconsidérer les rois, s'est servi de l'arme du ridicule, selon son usage; il fit ces vers :

> Tu vois, cher Ariston, d'un œil d'indifférence
> La grandeur tyrannique et la fière opulence ;
> Tes yeux d'un faux éclat ne sont pas abusés.
> Ce monde est un grand bal où des fous déguisés,
> Sous les risibles noms d'éminence et d'altesse,
> Pensent enfler leur être et hausser leur bassesse.
> En vain des vanités l'appareil nous surprend :
> Les mortels sont égaux, leur masque est différent.

velles, avec l'égalité que demande le peuple français, qui ne veut reconnaître d'autre distinction que celle de la vertu et du talent :

> Les mortels sont égaux ; ce n'est pas la naissance,
> C'est la seule vertu qui fait la différence.

Dieu, le père de l'univers, qui le conduit, semble avoir voulu changer la marche des choses humaines en donnant aux pauvres (1) de l'esprit et des talents, pour qu'ils pussent aller de pair avec les grands et avec les riches et nécessiter ces derniers de s'entendre avec les premiers. On ne cesse de répéter qu'il y a beaucoup d'esprit en France. Le grand Frédéric disait : « Les Français se piquent d'être profonds, ils ne sont que de froids raisonneurs ; » il ajoutait : « Je ne suis pas le seul qui remarque que le génie et les talents sont plus rares en France qu'à la fin du siècle précédent. »

Montesquieu, tout en convenant qu'on rencontre beaucoup d'esprit en France, dit : « Quand l'esprit court les rues, le sens qu'on nomme commun n'est pas si commun qu'on pense. »

La Harpe disait des hommes de son temps : « Ils se croient politiques

---

> Nos cinq sens imparfaits donnés par la nature,
> De nos biens, de nos maux sont la seule mesure.
> Les rois en ont-ils six ? et leur âme et leur corps
> Sont-ils d'une autre espèce ? ont-ils d'autres ressorts ?

Une plaisanterie, quelque spirituelle qu'elle soit, ne vaut pas un bon raisonnement, et ne saurait prouver que la monarchie n'a pas fait pendant des siècles le bonheur de la France. Les horreurs de la révolution ont fait sentir le besoin, la nécessité de la monarchie pour le maintien de la société.

(1) On a remarqué que les grands hommes ont été pauvres ou nés de parents pauvres. Aristide, Fabricius, L'Hospital, Turenne, Vauban, Colbert, n'étaient pas les favoris de la fortune. Euripide était fils d'une fruitière, Démosthène d'un forgeron, Virgile d'un boucher, Horace d'un esclave affranchi, Amyot d'un corroyeur, Voiture d'un maltotier, La Mothe d'un chapelier. Le pape Sixte-Quint fut gardeur de troupeaux ; Fléchier était fils d'un chapelier, Massillon d'un tourneur, Tamerlan d'un berger, Quinault d'un garçon boulanger ; Rollin, fils d'un coutelier, à qui le grand Frédéric écrivait : « Des hommes tels que vous marchent à l'égal des rois. » Molière était fils d'un tapissier, J.-J. Rousseau d'un horloger, J.-B. Rousseau d'un cordonnier, Samuël Bouilly d'un orfèvre, Collins d'un chapelier, Grey d'un notaire, Édouard Ludqui d'un épicier, Rembrandt d'un menuisier. Le fameux Pitt, a-t-on dit, a été trompette d'un régiment ; il a commencé et a fini par faire du bruit dans le monde. Washington avait été arpenteur, Franklin prote et Jefferson planteur. N'est-ce pas le cas de dire : *Deus elegit infirma ut confundat fortia.*

parce qu'ils se sont faits les singes de Machiavel ; ils se croient profonds parce qu'ils déraisonnent sur les désastres et la destruction. »

Ne peut-on pas appliquer aux beaux-esprits la pensée des disciples de Zénon et d'Arcésilas ? Depuis que les savants ont paru parmi nous, les gens de bien se sont éclipsés , car le bel-esprit tue la probité.

Un bel-esprit causait avec un homme qui vantait les jouissances que procure une bonne conscience : « J'en conviens , répondit le premier, la conscience nous dit : Sois honnête homme ; mais l'estomac crie plus haut que la conscience. La probité est une coquine qui mène son maître à l'hô-pital. » C'est ainsi qu'avec un bon mot le bel-esprit justifie la violation de tous les devoirs. Jean-Jacques faisait cette observation sur les hommes de son temps : « Ils s'affaiblissent et dégénèrent (1). »

Le temps présent n'est pas beau, mais l'avenir, aux yeux de l'homme qui pense, qui réfléchit, l'est encore bien moins : car les beaux-esprits, qui exercent tant d'influence, qui sont les régulateurs de l'opinion , agissent comme les Hottentots, qui vendent leur lit le matin sans se donner la peine de penser qu'ils en auront besoin le soir pour se coucher. On peut les com-parer au peuple de la Louisiane , qui coupe l'arbre par le pied pour cueillir plus promptement.

Un esprit de délire s'est emparé de l'homme qui éblouit par son esprit : il vit au jour le jour sans s'occuper du lendemain, veut des effets sans cause, la fin sans les moyens.

On attend avec impatience la fin de cette révolution dont il n'y a pas d'exemple dans les fastes du monde ; on attend le dénoûment de ce grand drame qui occupe l'Europe.

La France n'éprouvera pas, il faut l'espérer, le sort de Rome, qui, après avoir résisté à l'univers, succomba sous les sophismes des rhéteurs.

Louis-Philippe, qui marche à la tête de son siècle , si je ne me trompe, nous préservera de ce malheur, et fera une révolution morale et légale.

---

(1) Un de nos littérateurs attribue la dégénération des esprits à la sensibilité pour les plaisirs, qui a absorbé son antagoniste, la sensibilité de l'esprit. Alors on n'a plus eu cette ardeur et ce noble enthousiasme, quand il s'est agi de la vérité et du beau littéraire. Pour suppléer à ce feu divin, on a eu recours à ce qu'on appelle de l'esprit ; mais il n'est pas plus fait pour remplacer la force du sentiment, que quelques étincelles ne le sont pour tenir la place d'une lumière brillante. Saint Paul dit : « *Caro enim concupiscit adversùs spiritum, spiritus autem adversùs carnem. Hæc enim sibi invicem adversantur.* »(Galatas, ch. V.)

Les plaisirs éteignent la sensibilité d'esprit. *Ex libatis corporum voluptatibus ipsa magisque brutescens anima ad sensus à ratione labitur.*

L'homme, s'abrutissant en se livrant à la volupté , brise les ressorts de son âme, et fait triompher les sens de la raison.

Dieu semble le réserver pour créer une ère nouvelle, faire succéder le règne de la loi au règne de l'homme, le seul moyen de concilier tous les partis, de rallier tous les esprits, d'établir l'ordre, la tranquillité, la stabilité du gouvernement, objet des vœux de la France; le règne de la loi, qui empêcherait les sociétés de flotter, comme elles le font depuis un temps immémorial, entre le despotisme et l'anarchie. Ce serait un bienfait de Philippe envers le genre humain qui lui mériterait le nom de pacificateur, de législateur de l'Europe, dans un moment où l'édifice social semblait menacer ruine. C'est ainsi que l'excès du mal porte avec lui son remède. On a dit de Dieu, le grand gouverneur de l'univers :

> Souvent la sagesse suprême
> Sait tirer notre bonheur même
> Du sein de nos calamités.

Un homme d'esprit, parlant de la révolution, dit : « Le hasard la terminera. » Je le crois, mais en admettant ce qu'a dit Rivarol : « Le hasard est le sobriquet de la Providence. »

La France, dont on a fait la tour de Babel, après avoir vaincu l'Europe, l'étonnera par sa sagesse, présentera l'image d'un peuple dont les yeux sont dessillés, soutiendra, défendra son gouvernement, sous les ruines duquel on voudrait écraser ses habitants, qui savent que l'union fait leur force.

On verra les Français adopter pour devise : Citoyens, qu'il ne soit qu'un parti parmi nous, celui du bien public et du salut de tous.

P. S. J'ai cru, sur le déclin de mes jours, dans le dessein d'être utile, devoir payer à ma patrie le tribut de mes veilles, de mes méditations, que j'abandonne à l'examen des bons esprits, qui finiront par triompher des beaux-esprits, car le temps et la raison feront justice de leur système, qui n'est utile qu'à eux. La pauvre espèce humaine est lasse des essais qu'ils ont faits sur elle. Le règne de l'anglomanie, de l'américomanie, est passé ; la francomanie leur succède. La France est assez éclairée pour ne pas aller à l'école chez les étrangers : elle ne veut d'autre école que l'école française.

La conservation de Louis-Philippe et l'intérêt de sa gloire m'ont dicté cet écrit.